ESTUDIOS BÍB

EDITORES DE LA S

URBANIZACIÓN

Glandion Carney con Alicia B. Silva

Vida
EDITORIAL

Dedicados A La Excelencia

ISBN 0-8297-1958-X

Categoría: Estudios para grupos

Este libro fue publicado en inglés con el título *Urbanization* por InterVarsity Press.
© 1990 por Glandion Carney.

Traducido por Luis Bernal Lumpuy

Edición en idioma español
© 1994 EDITORIAL VIDA
Deerfield, Florida 33442-8134

Índice

Debido a que los seres humanos están hechos a la imagen de Dios, cada persona — sin considerar raza, religión, color, cultura, condición social, sexo o edad —, tiene una dignidad intrínseca por la cual se le debe respetar y servir, no explotar. En este punto también expresamos contrición tanto por nuestra negligencia como por haber considerado a veces la evangelización y el interés social como que se excluyen mutuamente.

Aunque la reconciliación con las personas no es reconciliación con Dios, ni el activismo social es evangelización, ni la liberación política es salvación, no obstante afirmamos que la evangelización y la participación sociopolítica forman parte de nuestro deber cristiano, porque ambas son expresiones necesarias de nuestras doctrinas de Dios y de la humanidad, de nuestro amor al prójimo y de nuestra obediencia a Jesucristo.

El mensaje de salvación entraña también un mensaje de juicio sobre toda forma de desalojo, opresión y discriminación, y no debemos temer denunciar la maldad y la injusticia dondequiera que exista.

Pacto de Lausana, artículo cinco.

Estudios bíblicos
sobre temas mundiales

Con todos los cambios rápidos y espectaculares que ocurren en nuestro mundo actual, es fácil sobrecogerse y sencillamente apartarse. ¡Pero no tiene que ser así para los cristianos! Dios no sólo nos ha dado la orden de amar al mundo, sino que nos ha dado el Espíritu Santo y la hermandad de la congregación para guiarnos y prepararnos en el ministerio del amor.

El servir en el mundo puede ser amenazante: Requiere cambios tanto en nuestra manera de vivir como en nuestro modo de pensar. Terminamos descubriendo que tenemos que acercarnos más que nunca a Jesucristo, y ese llega a ser el gran beneficio personal del cambio. El amor de Dios por el mundo es el mismo amor profundo que Él tiene por usted y por mí.

Esta serie de estudios está planeada para ayudarnos a entender lo que está sucediendo en *el mundo*. Luego nos lleva a *la Palabra* para ayudarnos a ser fieles en nuestra reacción compasiva. La serie está enraizada firmemente en la tradición evangélica que requiere una relación personal salvadora con Jesucristo y un estilo de vida público de discipulado que demuestre que de veras la Palabra ha cobrado vida en nosotros.

Al principio de la guía hay una cita del Pacto de Lausana que hemos considerado útil. Hemos desarrollado esta serie en armonía con el espíritu del pacto, sobre todo las secciones cuatro y cinco. Tal vez usted quiera consultar el Pacto de Lausana para información adicional mientras forma su propia teología de evangelización e interés social.

Lo exhortamos con las palabras de los autores del pacto: "La salvación que afirmamos tener debiera transformarnos en la totalidad de nuestras responsabilidades personales y sociales. La fe sin obras es muerta."

Sacando el máximo provecho de los estudios bíblicos sobre temas mundiales

Los estudios bíblicos sobre temas mundiales están planeados para que resulten una manera emocionante y estimulante de ayudarnos a buscar la voluntad de Dios para todo el mundo tal como se encuentra en las Escrituras. A medida que aprendemos más acerca del mundo, también aprenderemos más sobre nosotros mismos.

Cómo están planeados

Los estudios bíblicos sobre temas mundiales tienen varias características distintivas. En primer lugar, cada guía tiene una introducción del autor que ayudará a orientarnos hacia las cuestiones significativas que abordarán los estudios.

En segundo lugar, la porción de estudio bíblico es inductivo más bien que deductivo. Sus autores nos guiarán al descubrimiento de lo que la Biblia dice sobre un tema en particular mediante una serie de preguntas más bien que sencillamente diciéndonos lo que ellos creen. Por lo tanto, los estudios estimulan la reflexión. Nos ayudarán a pensar en el sentido del pasaje para que podamos de veras comprender lo que se propuso decir el escritor bíblico.

En tercer lugar, los estudios son personales. Los estudios bíblicos sobre temas mundiales no son sólo estudios teóricos para considerarse en privado o analizarse en grupo. Estos estudios nos motivarán a actuar. Nos mostrarán las promesas, las garantías, las exhortaciones y los estímulos de la Palabra de Dios. Mediante el estudio de las Escrituras, renovaremos nuestra mente para que podamos ser transformados por el Espíritu de Dios.

En cuarto lugar, las guías incluyen secciones de recursos que lo ayudarán a orientarse por los estímulos que las Escrituras le hayan presentado.

En quinto lugar, estos estudios son flexibles. Están destinados a grupos estudiantiles, misioneros, comunitarios y eclesiásticos. También son eficaces para el estudio individual.

Cómo están organizados

Los estudios bíblicos sobre temas mundiales también tienen un formato característico. Cada estudio no requiere más de cuarenta y cinco minutos en un grupo o treinta minutos en el estudio personal, a no ser que usted opte por dedicarle más tiempo.

Cada guía tiene seis estudios. Si se usan las guías de dos en dos, pueden usarse en el programa trimestral de una iglesia y se adaptan bien a un sistema semestral o trimestral de un recinto universitario.

Las guías tienen el formato de un cuaderno de ejercicios con espacio para respuestas escritas. Eso es ideal para el estudio personal y permite que los miembros del grupo se preparen de antemano para el debate. Además, la última pregunta de cada estudio ofrece sugerencias y la oportunidad de reflexión personal.

Al final de las guías hay algunas notas para los líderes. Describen cómo dirigir un debate de grupo, dan consejos útiles sobre dinámica de grupos y sugieren maneras de abordar los problemas que pudieran surgir durante el debate. Con tales ayudas, cualquiera con poca o ninguna experiencia puede dirigir un estudio eficaz.

Sugerencias para el estudio individual

1. Cuando comience, pídale a Dios que le ayude a entender y aplicar los pasajes a su propia vida. Pídale que le revele qué clase de resoluciones tendrá que tomar como resultado de su tiempo de estudio.

 **ESTUDIO 1**

El interés de Dios por los que viven en la ciudad

Practicamos ejercicios espirituales como un medio de buscar a Dios. Desafortunadamente, a menudo nos detenemos en nuestras obras de piedad personal, descuidando otros aspectos de nuestra vida que nos separan de Dios. Él considera que eso es hipocresía. En su compasión, Dios desea llegar a los angustiados. Nuestra vida debe reflejar el interés de Dios.

1. ¿Cuándo ha sentido usted que sus obras piadosas (por ejemplo, lectura de la Biblia, oración o adoración) no tenían verdadero sentido?

¿Por qué cree usted que se sintió de esa manera?

Lea Isaías 58:1-10.

2. ¿Por qué estaba ayunando el pueblo de Israel (v. 2)?

3. ¿Qué tipo de actitud tenían ellos hacia Dios (v. 3)?

4. ¿De qué acusa Dios a los israelitas (vv. 3-4)?

5. ¿Qué clase de ayuno dice Dios que Él acepta (vv. 5-7)?

6. Enumere las actividades específicas que forman parte del ayuno que Dios escoge.

7. ¿Qué bendiciones recibimos cuando practicamos el debido ayuno (vv. 8-10)?

Lea Isaías 61:1-4.

8. ¿Cuáles son las similitudes entre las expectativas que Dios tiene de Israel en este pasaje y la descripción del Mesías venidero como se menciona en Isaías 61:1-4?

9. Dada la descripción de los que siguen a Dios en estos dos pasajes, ¿cómo cree que los reconoceremos?

10. ¿Cómo podemos evitar caer en la hipocresía de Israel?

11. *Reflexión:* ¿Qué ideas le dan estos pasajes para la fe puesta en práctica en sus relaciones con los demás?

Para un estudio más amplio: Lucas 3:4-14; 7:18-22.

⊕ ESTUDIO 2

Opresión en la ciudad

En el Antiguo Testamento, Dios les dio a los israelitas órdenes estrictas en cuanto a su tratamiento a los demás. Su obediencia era la condición para permanecer en la tierra y recibir la bendición de Dios. Desafortunadamente, los israelitas mostraron infidelidad; se volvieron a los falsos dioses de los cananeos y se explotaron los unos a los otros constantemente. Donald W. Shriver, Jr., y Karl Ostrom señalan que "la adoración de lo material lleva directamente a la explotación del prójimo en nombre de lo material". Y ese es precisamente el patrón que siguieron los israelitas.

1. ¿Cómo el adorar cosas materiales llevaban a la explotación de los demás?

Lea Amós 5:4-15.

2. ¿Cómo puede encontrar vida la casa de Israel (vv. 4, 6)?

3. ¿Qué pecados han provocado la ira de Dios contra los israelitas (vv. 7-12)?

4. A partir de la descripción de Dios de los pecados de ellos, ¿cómo describiría usted al pueblo de Israel?

¿Quiénes son las personas como esas en su propia ciudad?

5. ¿Qué ventajas inmediatas obtuvo el pueblo de Israel de su manera de vivir pecaminosa?

¿Cuáles son las ventajas de una manera de vivir pecaminosa en la cultura actual?

6. Es fácil señalar los pecados de los incrédulos, pero Israel era en realidad el pueblo de Dios. Hoy nosotros somos el pueblo de Dios, y como tal debemos aprender del ejemplo de Israel cómo somos culpables de pecados similares. Escoja cuatro de los pecados de Israel mencionados en este pasaje y explique cómo esas mismas maldades son perpetradas o apoyadas por la comunidad cristiana en el mundo actual.

7. Aquí tenemos una vislumbre del señorío: El vivir rectamente requiere el cambiar nuestros caminos. Enumere por lo menos tres pérdidas específicas que sufrirán los israelitas si optan por vivir bajo el señorío de Dios.

¿Cómo sería eso en el contexto actual?

8. Dios le dice a la gente: "Buscad lo bueno, y no lo malo, para que viváis."

¿Cómo deben hacerlo? (Busque los vv. 21-24 para encontrar la clave.)

9. *Reflexión:* ¿Qué puede hacer usted para mitigar la injusticia en su ciudad?

⊕ ESTUDIO 3

Oración por la ciudad

En Los Ángeles, California, una iglesia ha reunido a millares de personas para orar por esa ciudad. Están orando por las calles, los barrios, las familias y la estructuras económicas. "La oración cambia las cosas" pudiera ser una frase cristiana gastada, pero expresa una profunda verdad. Tal vez lo más importante que cambia la oración es la vida y la actitud de quienes están orando. Mientras oramos por la ciudad, Dios comienza a llevarnos más allá del interés de nuestra oración para que respondamos a las necesidades físicas y espirituales de la ciudad.

1. ¿Cómo ha experimentado usted que el poder de la oración cambia su manera de pensar acerca de algo?

Lea Jeremías 29:4-7.

2. Se le da esta orden de Dios al pueblo de Jerusalén que ha sido llevado cautivo a Babilonia. ¿Cómo cree que se sintieron ellos en cuanto a orar por la ciudad de sus captores?

3. ¿Cuál fue la razón de que Dios hiciera que los exiliados judíos oraran por Babilonia (v. 7)?

4. Algunos dirían que la ciudad es el centro de corrupción del pecado humano y por lo tanto debemos abandonarla. ¿Qué le dice a usted ese pasaje sobre el amor de Dios por las ciudades?

Lea Nehemías 1:3-11.

5. ¿Cuál fue la reacción de Nehemías ante la noticia de que estaban destruidos el muro y las puertas de Jerusalén (v. 4)?

6. ¿A quién le echó la culpa Nehemías (vv. 6-7)?

7. Según ese pasaje, ¿con quienes mantiene Dios su pacto (vv. 7-9)?

8. ¿Qué piensa que representaba el muro para Israel?

El pueblo de Nehemías tuvo que reedificar el muro con una espada en la mano y con sus implementos en la otra. Sin embargo, en medio de todo eso Nehemías pudo mantenerse consciente de las necesidades de los pobres. Lea Nehemías 5:1-13.

9. ¿Qué se estaba haciendo específicamente contra los pobres (vv. 4-8)?

10. ¿Qué clase de arrepentimiento exigió Nehemías (vv. 10-11)?

11. ¿Cómo reaccionó el pueblo de Dios (vv. 12-13)?

12. ***Reflexión:*** Termine este estudio con una oración por su ciudad, sus dirigentes y sus instituciones. En la búsqueda del bienestar de su ciudad, enumere seis asuntos específicos por los cuales puede orar con respecto a la intervención de Dios. A su ciudad la está destruyendo el pecado (como destruyó los muros de Jerusalén). Ore con el mismo fervor que Nehemías. Dios desea el bienestar de la ciudad donde usted vive.

Para un estudio más amplio: Isaías 58:12.

✦ ESTUDIO 4

El ministerio de Jesús en la ciudad

Gran parte del ministerio de Jesús se concentró en las ciudades y comunidades de Israel. Como parte integral de ese ministerio, a menudo vemos que Jesús entra en la ciudad para atraer a sus residentes y luego se retira a un lugar tranquilo para orar o enseñar a los discípulos. Jesús ofrece el modelo de un ministerio que atrae a la ciudad y luego se retira para renovarse.

Ese modelo se hace más evidente en la última semana del ministerio de Jesús antes de su muerte. Cada día entró en la ciudad para enseñar, y cada noche regresó a Betania. En esa última semana de ministerio, Jesús se pronuncia contra las injusticias practicadas por los fariseos. Al mismo tiempo muestra constantemente su amor por los pobladores de Jerusalén, enseñándoles y deseando estar con ellos.

1. ¿Cuándo la injusticia lo ha enojado a usted?

¿Cómo reaccionó?

Lea Mateo 23:13-39.
2. Identifique los siete ayes en los versículos 13-31.

3. ¿Cómo describiría usted cada uno de esos pecados en sus propias palabras?

4. ¿Cómo se comparan las injusticias de los fariseos con las injusticias que tienen lugar en la ciudad actual?

5. La tierna oración de Jesús por Jerusalén está en asombroso contraste con su condena de los líderes religiosos de esa ciudad. ¿Por qué cree que el tono cambia tanto del versículo 33 — "¡Serpientes! ¡Generación de víboras!" — al versículo 37: "¡Jerusalén, Jerusalén!"?

6. ¿Cómo describe Jesús el pueblo de Jerusalén (v. 37)?

7. ¿Cómo manifiesta Jesús su amor por Jerusalén?

8. ¿Por qué no puede expresar su amor?

9. ¿Cuál es la consecuencia de la incredulidad del pueblo (v. 38)?

10. Además, es importante observar que Jesús constantemente se dirige a la comunidad religiosa en cuanto a su participación en las maldades de la ciudad. Prácticamente se pasa por alto a los injustos. ¿Qué lección aprende usted del énfasis de Jesús?

Lea Mateo 5:13-16.
11. ¿Cómo lo anima eso a usted mientras procura resolver las muchas necesidades de la ciudad?

12. ***Reflexión:*** Ore en cuanto a su influencia en la ciudad. Pida que la vida de usted sea conforme al amor de Dios por la ciudad tal como se manifiesta en la oración de Jesús por Jerusalén.

Para un estudio más amplio: Marcos 12:38-40; Éxodo 22:22-24.

La ciudad como refugio

Aunque a menudo sólo vemos la maldad y la iniquidad de la ciudad, Dios tenía otros propósitos cuando le ordenó al pueblo de Israel que estableciera ciudades de refugio. Muchas personas van hoy a la ciudad, pero rara vez encuentran el refugio que están buscando. Los cristianos podemos presentarles a Dios a los que viven en la ciudad. Él es el verdadero refugio para todos los que lo buscan.

1. ¿Qué trae a nuestra mente la palabra *refugio*?

Lea Levítico 24:17.

2. ¿Cuál era el castigo por matar a alguien?

Lea Josué 20:1-9.

3. ¿A quiénes debían proteger esas ciudades (v. 3)?

4. Al establecer las ciudades de refugio los israelitas evitarían las posibles luchas sangrientas por parte de familias — "el vengador de la sangre" mencionado en el texto — que procuraban el castigo de un asesino.[1] Enumere las regulaciones que Dios estableció para entrar y permanecer en las ciudades de refugio (vv. 4-6).

---

1 Kenneth Barker, gen. ed., *NIV Study Bible (Grand Rapids, Mich.: Zondervan, 1985)*, p. 318.

5. Hay seis ciudades separadas como ciudades de refugio. Esas ciudades pertenecían a la tribu levita (véase Nm 35:6). Los levitas fueron específicamente escogidos por Dios para atender los asuntos religiosos de Israel. Estaban tan dedicados a esa tarea que Dios los describe como que no tenían otra posesión que al Señor. Es decir, que es a los líderes religiosos a quienes se les llama a atender las necesidades de los que viven en la ciudad. ¿Quiénes son los líderes de la iglesia en su ciudad que están ministrando a las necesidades de los que son acusados de asesinato?

¿Cómo es su ministerio?

Lea Deuteronomio 19:4-10.
6. ¿Cómo se define aquí el homicidio no intencional (véanse especialmente los vv. 4,6)?

7. ¿Cuáles son los propósitos de Dios al establecer ciudades de refugio (v. 10)?

8. A menudo asociamos el Antiguo Testamento, sobre todo los libros de la ley tales como Levítico y Deuteronomio, con aburridas reglas y regulaciones que ya no son pertinentes para nosotros. Sin embargo, ¿qué nos dice la provisión de Dios de las ciudades de refugio en cuanto a su gracia y su justicia?

9. El sumo sacerdote representaba al pueblo de Israel delante de Dios, y llevaba sus pecados el día de expiación. ¿Cuál cree que es lo significativo de que quien hubiera cometido homicidio impremeditado permaneciera en la ciudad de refugio hasta la muerte del sumo sacerdote (Josué 20:6)?

10. En Hebreos, a Jesús se le llama nuestro sumo sacerdote. ¿Cómo su interpretación de la ciudad de refugio afecta su comprensión de nuestra culpa delante de Dios y el refugio que se nos ofrece?

11. Describa el refugio espiritual que la iglesia puede brindarles a los que viven en la ciudad.

12. *Reflexión:* ¿Qué pasos prácticos puede usted dar para ayudar a los que buscan refugio en la ciudad?

Para un estudio más amplio: Números 35:6-33

⊕ ESTUDIO 6

La ciudad como nuestra última esperanza

Llanto, muerte, injusticia y dolor son características de las ciudades del mundo. Esos males son el resultado del pecado. Dios ha prometido, sin embargo, que un día la tierra y sus ciudades pasarán, junto con el sufrimiento que hay en ellas. Dios se preocupa por el sufrimiento en las ciudades, y anhela llevar a sus pobladores a una nueva ciudad, la nueva Jerusalén. Los cristianos tenemos la misión de ser sal y luz, mostrando los valores de la ciudad santa mientras invitamos a los demás a convertirse en ciudadanos de ella.

1. Describa su experiencia más emocionante y satisfactoria al visitar la ciudad o al vivir en ella.

Lea Apocalipsis 21 — 22:5.
2. ¿Quiénes viven en la ciudad santa (21:7,27)?

3. ¿Quiénes no pueden entrar en la ciudad (21:8)?

4. ¿Por qué "ya no habrá muerte, ni habrá más llanto, ni clamor, ni dolor" (21:4)?

5. ¿De qué está hecha la ciudad (21:18-21)?

6. ¿Cuál es la fuente de luz de la ciudad (21:21-23)?

7. Compare la ciudad que se describe con la que experimentan en la actualidad las personas que se mudan a las ciudades del mundo en busca de refugio.

8. ¿Cuáles son los temores y las maldades que asocia usted con la oscuridad?

Contrástelos con la descripción de lo que Dios promete para la ciudad cuando su reino sea absoluto en 22:5.

9. ¿Cómo lo afecta a usted el saber que ese es el futuro que Dios ha planeado para los que son fieles a Él?

10. Describa la esperanza de Apocalipsis 21:24-26.

¿Cómo pudiera afectar esa promesa la dedicación de usted a las ciudades de las naciones?

Lea Mateo 12:38-41.

11. Jesús relaciona el viaje de Jonás a la ciudad de Nínive con su propia muerte y resurrección. ¿Qué le dice eso a usted con respecto al significado espiritual de la búsqueda de bienestar de las ciudades del mundo?

12. **Reflexión:** Hágase el propósito de participar con el pueblo de la ciudad de Dios y de influir en él como un grupo o de manera individual, pidiéndoles a los demás que le exijan responsabilidad a usted.

Para un estudio más amplio: Mateo 5:13-16.